天山 詩選 144

呂閠東 제3민조시집

# 神松 바라밀

한기 10961
한웅기 5922
단기 4357
공기 2575
불기 2568
서기 2024

도서출판 天山

# 神松 바라밀

여 윤 동 제3민조시집

上元甲子
8937
+2024
10961
5922
4357
2575
2568
2024

도서 출판 天 山

<머리말>
# 民調詩는 3·4·5·6調 律呂로 즐길 줄 알아야

民調詩人 呂闈東이 제3민조시집을 낸다. 필자가 民調詩를 개척한 후 '自由文學'에 제자들을 발굴 추천하는 데 혼신을 기울여 오던 중 呂闈東 씨를 발견하게 된 것은 지금 생각해봐도 民調詩林의 행운이 아니었나 싶다.

그의 民調詩는 3·4·5·6調의 격을, 음을, 보를, 쉼을, 마침을 잘 지켜내고 있다. 우리의 역사 문화 정신을 詩化하는 데 끝까지 그 품격을 잃지않고, 줄줄이 흘러가는 긴 호흡은 가히 時調나 하이쿠 형식으로는 못해낼 일이다. 그 부드러움이 얼핏 자유시같아 보이지만 그 속에는 3·4·5·6調의 엄격한 율격이 녹아들어있고, 3·4·5·6調라는 律呂 그릇에 시를 잘 담아내고있다.

民調詩는 3·4·5·6調 1수로 된 단민조시가 典型이다. 하지만 3·4·5·6調 18자로 시다운 시를 써낼 수만 있다면 民調詩로서는 더할 나위 없겠으나 결코 쉬운 일이 아니다. 결국 글자 숫자에 얽매이다보면 기계로 찍어낸 물건같이 단조로울 수가 있고, 시적 감흥이 떨어질 수도 있다. 그렇기에 각 調마다 거듭 장단을 매겨 시의 완성도를 높일 수

─────────────────────────────────────────〈서 문〉

있도록 한 것도 자유로운 언어 세계를 어우르게 하기 위함이다. 民調詩는 짧다고 해서 결코 쉬운 시가 아니다. 짧을수록 시적 이미지가 깊이 있게 녹아들어 있어야 하고 울림이 커야 民調詩답다. 時調와 하이쿠와 구별되어지는 것도 바로 이런 점에 있다.

呂閨東은 3·4·5·6調 율격을 自由自在로 유희할 줄 아는 시인이다. 그의 시를 살펴보면 3·4·5·6調 1수로 된 단민조시를 비롯해, 2수 이상으로 직조된 연민조시가 있는가 하면, 때에 따라서는 각 조마다 거듭 장단을 쳐 시의 완성도를 높이기도 한다. 그만큼 그는 우리의 정신 문화 풍토를 토대로 한 알뜰한 詩공부가 되어있다. 民調詩林의 서광을 보는 듯하다.

이제 그의 앞날에 영광만 있기를 바란다. 주저하지 말고 계속 이길로 매진해 民調詩가 時調에 이어 이나라 제2의 정형시로 정착하는데 일익을 담당해주길 바란다.

2024. 8.20. 筆洞 서애로. '自由文學'에서.

義山 申 世 薰

〈시인의 말〉

# 투명한 詩, 소통의 民調詩

나는 줄곧 3·4·5·6調 定型詩, 民調詩를 쓴다. 배운 것이 이것뿐이고, 써보니 좋았기에 登林 30년에 第3民調詩集을 낸다.

民調詩의 매력은 퇴고에 있다. 民調詩 특유의 리듬 감이 좋고, 자수율에 맞춰 간결한 시어로 직조해나가는 과정에서 단단한 시로 완성되어지는 신기함을 맛볼 수 있기 때문이다. 그렇기에 民調詩는 늘 어질 수가 없다. 대체로 짧지만 그속에 시적 이미지를 얼마든지 담아낼 수 있기 때문에 독자들의 올바른 평가가 있으리라고 본다.

登林 초기에는 民調詩에 대한 비판이 심했다. 民調詩를 쓴다고 하면 '어느 별나라에서 왔냐?'고 했고, 선배 문인들은 자유시로 갈아타라는 권유의 말을 빼놓지않았다. 그러는 사이 세월은 民調詩를 길러냈다. 이제는 民調詩에 대한 조롱과 비판의 목소리를 들어볼 수 없을 정도다. 끊임없이 신인들이 나오고 있고, 다른 문학 장르와 어깨를 나란히 해 큰문학상을 타기도 한다.

─────────────────────────────────────〈시인의 말〉

솔직히 시집에 대한 선입견이 좋지않은 것이 현실이다. 그렇기에 나 딴엔 투명하면서도 소통의 民調詩를 쓰려고 노력했다. 말하자면 애매모호한 나만의 시가 아니라, 모두가 공감할 수 있는 시이기를 바라는 마음 떠나본 적이 없다. 혹여 연이 닿아 이시집을 읽는 분들이 마음에 드는 시 몇 편 건지게 된다면 더할 나위 없겠다.

내가 좋아 내가 쓴 시들이지만 정작 주인은 내가 아니라고 생각한다. 나라는 존재는 언젠가 사라지겠지만, 이 民調詩는 영원히 남을 것이기에, 이시집이 좋은 주인을 만나 사랑받았으면 좋겠다.
머지않아 民調詩가 時調에 이어 이나라 제2의 정형시로 자리매김하게 되리라 믿는다. 이시집이 나오기까지 애써주신 모든 분들께 감사드린다.

2024. 8.15. 수락산을 바라보며.

呂 閏 東

차 례

呂聞東 제3민조시집
神松 바라밀

서 문/民調詩는 3·4·5·6調 律呂로 즐길 줄 알아야/申世薰/4
시인의 말/투명한 詩 소통의 民調詩/呂聞東/6

제1부/ **반야 바라밀의 노래**

달빛 만공/ 15
'길상사의 밤/ 16
'부석사 不二佛/ 17
절간의 봄바람·1/ 18
절간의 봄바람·2/ 19
神이고 싶은가?/ 20
쑥부쟁이 노래·1/ 21
쑥부쟁이 노래·2/ 22
쑥부쟁이 노래·3/ 23
쑥부쟁이 노래·4/ 24
쑥부쟁이 노래·5/ 25
쑥부쟁이 노래·6/ 26
쑥부쟁이 노래·7/ 27
철없는 아낙/ 28
바람 한 자락에도/ 29
神松 바라밀/ 30
그덕에 삽니다/ 31
산사에 가면/ 32
산사의 새벽예불/ 33
묵언 수행/ 34
신의 고백/ 35

呂閨東 제3민조시집
神松 바라밀

차 례

**제2부/ 하심주 향기 부드러운 밤에**

가 을 은·3/ 39
꽃들이 정신을 잃었다/ 40
궁둥이 타령·1·2/ 41
그래도 괜찮아/ 42
내일이 있기에/ 43
자연에게서/ 44
깡촌의 아침/ 45
봄은 옵니다/ 46
꽃보러가요/ 47
봄 아/ 48
풀을 이기려하지마오/ 49
가 을 은·1/ 50
가 을 은·2/ 51
낙엽, 떠남의 미학/ 52
연꽃필 때면/ 53
가을이 사라져간다/ 54
겨울강가에서/ 55
머리 잘린 알몸으로/ 56
어느 날 사랑이/ 57
산골에서/ 58
바람의 노래/ 59

차 례          呂閏東 제3민조시집
神松 바라밀

**제3부/ 수수한 날의 들바람**

임자, 나 여기 왔어요/ 63
이 강아지를 아시나요?/ 64
날, 버리셨나요?·1(-'나 여기 있어요')/ 65
날, 버리셨나요?·2/ 66
날, 버리셨나요?·3/ 67
입 맞 춤/ 68
아기로소이다·1/ 69
아기로소이다·2/ 70
심안의 세계/ 72
'아아'를 아시나요?/ 73
아내의 봄바람/ 74
젖가슴속엔 무엇이 들었을까?/ 75
며느리의 남자/ 76
어찌 다 말하리오/ 77
나는 시인이 아닙니다/ 78
그때는 몰랐습니다/ 79
장독대 추억/ 80
아내가 뿔났다/ 81
왜, 거기서 나와/ 82
젊어지고 싶지않아요/ 83
그가 주인이다/ 84

呂閨東 제3민조시집
神松 바라밀 ──────────── 차 례

### 제4부/ 초컬릿 맛을 느끼고싶은 날

만　　두/ 87
냉면 한 그릇 하실래요?/ 88
수육을 먹으며/ 89
꼬막집에서/ 90
막 국 수/ 91
혼밥집 사람들/ 92
치　　킨/ 93
쌀밥이 찬밥신세다/ 94
요 리 사/ 95
그러고 싶은 날/ 96
청국장맛 하래/ 97
버려진 것들에게/ 98
두부 먹는 날/ 99
암, 이상한 부작용/ 100
화려한 요람/ 101
걸어야 산다/ 102
돌밥돌밥, 확찐확찐/ 103
거룩히 지키라/ 104
세상은 미완성/ 105
'코로나'는 알고있다/ 106
곁에 있을 때/ 107

차 례

呂閨東 제3민조시집
神松 바라밀

**제5부/ 개울 건너듯, 이봄 가고나면**

농 부 가/ 111
얼치기 변사또·1/ 112
얼치기 변사또·2/ 113
나쁜 친구/ 114
사랑에 빠진 게 죄인가요?/ 115
왜 그러는 걸까/ 116
왜 그랬을까·1·2(-6·25 직전 미스터리)/ 117
홍콩은 말한다/ 119
물은 높은 곳을 안다·1/ 120
물은 높은 곳을 안다·2/ 121
누구의 나라인가?/ 122
부동산이 두더진가?/ 123
촛불의 이름으로/ 124
이봄 가고나면/ 125
대한 민국이다/ 126
설 수도, 돌릴 수도·1·2/ 127
파   도/ 128
널 기다리며(-낚 시)/ 129
바람의 춤/ 130

민조시집 평설/ 인간에 대한 애정과 자연에 대한 신뢰/ 이 승 하/ 131

제1부 ───────────── 반야 바라밀의 노래

달빛 만공
'길상사'의 밤
'부석사 不二佛
절간의 봄바람·1
절간의 봄바람·2
神이고 싶은가?
쑥부쟁이 노래·1
쑥부쟁이 노래·2
쑥부쟁이 노래·3
쑥부쟁이 노래·4
쑥부쟁이 노래·5
쑥부쟁이 노래·6
쑥부쟁이 노래·7
철없는 아낙
바람 한 자락에도
神松 바라밀
그덕에 삽니다
산사에 가면
산사의 새벽예불
묵언 수행
신의 고백

## 달빛 만공

밤그늘
망초들의 '피안'의 몸짓

달빛

만공이다.

## '길상사'의 밤

상사화 꽃잎위로 달빛내리는 '길상사' 뒤안길.

불도의 도량인가, 선남 선녀들 연애 성진가
'길상화' 보살 뒷짐을 지고 툇마루에 섰다.

한 시절 기생으로, '대원각' 요정 안주인으로
밤을 낮삼아 옷갈아입던 곳.

한평생 모은 돈이 백 석 시인의 한 줄 시만하랴.
전각에 종을 달고
죽어서라도 그대에게로 덩덩 울리노니.

서늘한 바람결에
귓전 맴도는 법정 스님의 헛기침소리
풀벌레도 잠잠.

\*길상화(吉祥華): 김영한(1916.~1999.). 김영한은 법정(박재철.1932.~2010.) 스님이 지어준 법명. 젊은 시절 기생으로, 중년에는 한국 3대 요정으로 불리던 '대원각' 안주인으로, 노년에는 '대원각(7천 평 땅과 40여동 건물)을 법정 스님에게 헌납(1995년)해, 현재의 '길상사로 조계종 '송광사' 분원이다. 법정 스님의 무소유에 대한 거절을 8년 간 실랑이 끝에 일궈낸 결실이다. 백 석(본명 백기행. 1919.~1996.)과는 2년 간 동거하다가 백 석 아버지의 완고한 반대로 끝내 부부의 연을 맺지 못했다. 그후 백 석은 월북했고, 남북 분단으로 말미암아 끝내 만나지 못하는 운명이 됐다. 백 석은 김영한에게 '자야라는 애명을 지어주기도 했다.

# '부석사' 不二佛

'부석사' 不二門 3층 석탑 약수물가에
개구리 한 쌍
짝짓길 하는데.

아뿔싸
멀건 대낮 노천에서 연인들에게
들키고 말았다.

지나던 노스님
'무엇을 보았는고?
둘이더냐? 하나이더냐?'

'不二佛이니라.'

    *不二: 너와 나, 만남과 이별, 삶과 죽음, 부처와 중생이 다르지않다는 불가의 뜻.
    *不二門: 본당에 들어가는 마지막 문. 이문을 통과해야만 진리의 세계인 불국토에 들어갈 수 있다는 뜻을 담고있다. 즉 '대웅전'(본당)에 다다르려면 '일주문' '천왕문' '불이문'을 차례로 통과해야 한다. 한국 전통 사찰의 구조다.

## 절간의 봄바람 · 1

절간의 꽃바람 결

보살가슴에 흐드러지는
봄.

## 절간의 봄바람 · 2

절간에 흘리고 간 숫처녀눈빛
잠 못드는 풍경.

실바람 살랑살랑 봄밤 흔드는
지독한 분냄새.

## 神이고 싶은가?

손님은 王이다? 神이란다,
어딜 가나 神인 줄 알고 막무가내다,

니체 선생님 말씀하시길 '神은 죽었다'
죽었다는데

살고싶은가, 神이고 싶은가.

## 쑥부쟁이노래 · 1

뜻밖의 고백처럼 다른 계절이 다가왔습니다.
잠자리 날개처럼 아침햇살이 바스락입니다.

팔꿈치 부딪치며 걸었던 거리, 어깨 내주던 밤.
뜨겁게 포옹하던 자줏빛강변 쑥부쟁이노래.

계절을 핑계삼아 앞산에라도 올라보렵니다.
조금 더 사랑하는 깊은 눈동자 가져보렵니다.

## 쑥부쟁이노래 · 2

가까이 다가가면 거절할까?
가만있으면 성큼 다가올까?

바람은 불어쌓고
철없는 꽃은 흐드러져 웃고.

## 쑥부쟁이노래 · 3

세상에 태어나서
생일이란 걸 지니고 살다가.

봄·여름 가을·겨울
기일이란 걸 남기고 떠나네.

## 쑥부쟁이노래 · 4

비오고 바람불고 날이 저물고…
죽었다는 소식.

말길이 끊겼으니,
그가 가는 길 누가 알까마는.

한 되 반 고운 빛깔
삶은 거칠고, 죽음은 가볍다.

## 쑥부쟁이노래 · 5

달뜨고 해가 지고
바람이 불고 계절이 바뀌고.

우주에 내버려진 별똥별인가
떠돌이 삶인가.

이생명 주인된 자 돌려달라고
팔벌릴 때까지.

## 쑥부쟁이노래 · 6

내 몸엔 젖냄새가 배어있다,
객지에서 말똥처럼 나뒹굴다 돌아와도
단내나는 젖가슴으로 안아주던 엄니.

엄니를 알기까진 너무나 많은 시간이 걸렸다.
엄니가 열명길에 들고나서야 깨닫게 된 눈물.

태어나 제일 먼저 첫입술소리
엄마·아빠·맘마.

# 쑥부쟁이노래 · 7

서리 찬 땅속에서 세상밖으로 쑥이 돋아나고.
화려한 유채꽃이 골짜기 가득 들어차앉았다.

철없는 봄바람은 세속으로 살금살금 파고들어
꽃을 피우고, 나무를 키워
그늘을 만든다.

## 철없는 아낙

절간에 들르걸랑
분내풍기며 기도하지 마라.

두 눈을 감을 수도
뜰 수도 없는 그 맘 알까마는.

철없는 아낙들은
"잘 봐주세요." 마냥 절만 한다.

## 바람 한 자락에도

있다고
영원히 곁에 있을 것도 아니고
곁에 없다고
영원히 떠난 것도 아니다,

스치는 바람 한 자락에도
발에 차이는 돌 한 톨에도
인연이라던가.

# 神松 바라밀

아득한 그 어느 날
운명처럼 절벽난간 바위틈새에 실뿌릴 내렸지.

천 년의 고단함이 천둥번개로 시커멓게 타 뒤틀려굳은
거북등껍질 갑옷을 두르고.
몇 가닥 솔잎으로 살아있다는 송진덩어리
숨쉬는 미라로.

어쩌면 삶과 죽음 어느 하나도 그분의 뜻인즉.
억겁을 넘나드는 '바라밀'이나 읊조릴 일이다.

## 그덕에 삽니다

내 것은 없습니다, 어느 것 하나
누군가 내게 준.

값없이 받기만 한 생명이지만
그덕에 삽니다.

## 산사에 가면

산사의 절지킴이 개 한두 마리
해질녘이면 뒷짐을 지고
절간 마당을 어슬렁거린다.

환생한 누구일까?
절밥 먹고 득도를 한
극락 세계의 아미 타불일까?

절간을 드나드는 중생들에겐
짖지도 않고
눈만 껌뻑인다.

## 산사의 새벽예불

'진관사' 앞마당을 비질하는
까까머리 앳된 비구니
하얀 달빛에 누더기가 곱다.

절간을 드나들며
땅바닥에 흘리고간 세인들의 발자국을
마당 한 켠에 쓸어모으며
관세음 보살

새벽예불소리.

## 묵언 수행


새들은 경을 외고, 딱따구리는
목탁을 쳐대고.

때마다 쿠쿠보살 귀뚜리처사
지극 공양이라.

절지기 할 일없어 묵언하는데
수행한다하네.

## 신의 고백


사람은 헤어질 걸 알면서도 사랑을 하고
죽는다는 걸 알면서도 산다.

더러워 엎는 걸 알면서도 청소를 하고
녹아 사라질 눈사람에게
털목도리를 꽁꽁 둘러준다.

비밀이 탄로 났나?

생사 화복을 손에 쥔 신도
그 비밀을 안 인간 세계를 알길이 없어
묵언, 방언한다.

제2부 ————————— 하심주 향기 부드러운 밤에

가 을 은 · 3
꽃들이 정신을 잃었다
궁둥이 타령 · 1·2
그래도 괜찮아
내일이 있기에
자연에게서
깡촌의 아침
봄은 옵니다
꽃보러가요
봄　　아
풀을 이기려하지마오
가 을 은 · 1
가 을 은 · 2
낙엽, 떠남의 미학
연꽃필 때면
가을이 사라져간다
겨울강가에서
머리 잘린 알몸으로
어느 날 사랑이
산골에서
바람의 노래

# 가을은 · 3

가을은 잘 구워진 빵바구니다,
바삭바삭
달다.

가을은 알록달록 손자손녀들 색동저고리다.
가을은 울긋불긋 곱게 폐어논 단풍 산적이다.

# 꽃들이 정신을 잃었다

小雪에
넝쿨장미 두 송이가 담장너머로
고개를 내민다.
세상은 싸늘하고
사람들은 쳐다보지도, 예뻐할 줄도
모른 채 바쁘다.

아무리 다급해도
꽃잎만큼은 내보여서는 안될 철인데
잠자던 그를 흔들어 깨운 바람마저도
눈발을 품었다.

피다만 연지빛 반쪽 얼굴
계절을 잃고 정신을 잃었다.

# 궁둥이 타령 · 1·2

1.
궁둥이 빵빵한 게
물이 좋다네,

배추를 고르며.

2.
궁둥이 빵빵한 게
맛이 좋다네,

속살이 달다네.

## 그래도 괜찮아

열심히 해논일에
누군가 슬쩍 숟가락 얹을 때.

믿었던 사람에게
된바람 맞듯 뒤통수 맞을 때.

사람들 보는 앞에
보도블록에 걸려 넘어질 때.

## 내일이 있기에

세상이 새까맣고, 닥친 현실이 초라할지라도.
하늘을 우러르다 태양빛살에 타죽을지언정.

누구도 가보거나 아는 이 없는 내일이 있기에.

## 자연에게서

삶속에 풀 한 포기 이해하려는 여유로움이면.
원시로 돌아가려 하늘바라기 저망초를 알까.

심신이 고달프고 아파야하는 삶의 문제들이.
어쩌면 자연과의 멀어져생긴 일이 아닐는지.

## 깡촌의 아침

어젯밤 초승달이 머물다떠난 서늘한 개울녘.
꾀꼬리 한 마리가 냇물을 차고 산으로 숨는다.

적막한 깡촌마을
백발 농부의 숨찬 하루맞이.

텃밭에 씨앗 하나 가을을 담아 꾹 눌러 심는다.

## 봄은 옵니다

언덕위 외딴집에 반가운 님이
찾아왔습니다.

담장밑 샘가엔 제비꽃이 돋아나고요,
뒤꼍 비탈길 갈참나무엔 여린 새순이
고갤 내밉니다.

산수유 노랗게 핀 신작로 따라
동네꼬마들 재잘거리며 학교엘 가고요.
얼음장 틈을 뚫고 쫄쫄 흐르는 계곡물위로
여린 햇살이 와글거립니다.

외딴집 누군가가 장지문열고 '거기 뉘시오!'
물을 것같고요.
찬거리 장만하러 종종걸음 아낙뒤를
누렁이가 쫓아갑니다,

이풍진 세상
청순한 봄은 임찾아옵니다.

*'조선 일보'(2020.2.18.) 김윤덕의 '新줌마 병법'에서.

## 꽃보러가요

꽃처럼 아름답던 헤어진 사랑
가시 하나가
목젖에 걸렸다.

어느 날 봄바람이
그사람 손을 잡고 온다니,

뛰는 가슴을
어찌하오리까.

# 봄  아

사랑은 낡지않는
처음 그대로 머무는 봄이다.

겨울을 잘 이겨낸 그 한 번의 봄

시리도록 짧다.

## 풀을 이기려하지마오


오뉴월 남새밭에 풀이 넘친다,
질긴 싸움이다.

남새를 풀들에게 내어주었다,
밭이 들을 낳다.

남새와 풀사이에
철없는 내가 끼어들어
졌다.

# 가을은 · 1

춤추는 가을이다,
헐벗은 무녀 신들린 옷이다.

길가에 쏟아지는 가을햇살들
발끝에서 툭툭.

# 가을은 · 2

촉촉한 가을비에 붉은 빛깔로
물드는 단풍
푸르던 기억 지우는 중이다.

바람에 살랑살랑 엉덩이를 흔들던 기억
여름햇살에 눈이 부시게 반짝이던 기억.
때아닌 소나기에 속살속까지 흠씬 젖던 기억.

가을은 푸르름을 거둬들이는
아름다움이다.

## 낙엽, 떠남의 미학

속세의 연을 끊고
왔던 곳으로 되돌아가는 길.

아무런 미련없이
떠나야할 때 스스럼없이 훌쩍 떠나는
한 장의 생명력.

## 연꽃필 때면

서늘한 바람일면 한 잔 하세나
荷心酒 향기
부드러운 밤에.

계절이 바뀔 때면
마음에 맞는 친구들 불러,

함께 보는 꽃, 술에 젖는 밤
탐스레 부푼 저 연꽃의 미소.

## 가을이 사라져간다

길가에 쏟아놓은 파란은행잎
푸른 단풍이다.

가을이 사라졌나? 장미가 피고
개나리가 핀다.

미쳤다, 느닷없이 꽃이라니
살아있는 모든 것들이 왠지 쓸쓸하다.

## 겨울강가에서

천지간 만물들 주인이 없으랴만
맑은 바람을 귀가 취하면 소리가 되고
맑은 달빛을 눈에 들이면 한 폭 풍경이라.

주막집 사랑채 아랫목에 엉덩일 깔고
속 끓이는 술독.
노을이 물러날 쯤
멀쩡한 한 놈 죽일 요량이다.

*1연: 蘇 軾의 '赤壁賦'에서.

## 머리 잘린 알몸으로

눈덮인 무밭에서 삭발을 하고
묵언 수행 한다.

속세의 푸른삶이 있었다한들
누가 알까마는.

명줄은 잘렸어도 검불로 묻힐
염불소리 높다.

*시래기를 거두고난 강원도 어느 산골의 무밭.

## 어느 날 사랑이

바람에 뿌리 뽑혀 길바닥위에 나뒹굴지라도.
믿음이 떠나가고 절망의 늪에 빠졌을지언정.

사랑은 어느 봄날 바람처럼
알게 모르게 우리들 곁을 찾아온답니다.

## 산골에서


적막한 산골에서 바람과 함께
혼자 사는 사람.

곱상한 배우자가 곁에 있다면
얼마나 좋을까.

속세의 생각일까,
눈·비가 오나 즐겁게만 산다.

## 바람의 노래


한세월 바람같이
날이 새면 갤 밤이슬이던가.

스치며 지나가듯 세상 다녀간
바람소리던가.

노을이 지고나면 구름만 떠돌
별도 달도 섧다.

## 제3부 ──────────── 수수한 날의 들바람

임자, 나 여기 왔어요
이 강아지를 아시나요?
날, 버리셨나요? · 1(-'나 여기 있어요')
날, 버리셨나요? · 2
날, 버리셨나요? · 3
입 맞 춤
아기로소이다 · 1
아기로소이다 · 2
심안의 세계
'아아'를 아시나요?
아내의 봄바람
젖가슴속엔 무엇이 들었을까?
며느리의 남자
어찌 다 말하리오
나는 시인이 아닙니다
그때는 몰랐습니다
장독대 추억
아내가 뿔났다
왜, 거기서 나와
젊어지고 싶지않아요
그가 주인이다

# 임자, 나 여기 왔어요

노인도 연애하남? 불륜인가?
만두 두 그릇 사이에 두고
애틋한 눈빛
이마 주름에 꿀물이 고인다.

하늘이 무너지랴,
주위사람 아랑곳 않는 만둣국사랑
아무말 없이, 인사도 않고, 다른 길로 간다.

어느 날 혼자 왔다, 헤어졌나?
'할머니는요?'
'나쁜 할망구' 만둣국이나 더 먹고 가지
두 아들네에 나눠 살다가 할멈이 그만
먼저 떠났어요.

불쌍한 할망구가 보고 싶네요,
'이보게, 임자, 나, 여기 왔어요.'

## 이 강아지를 아시나요?

두 뼘이 채 안되는 예쁘고작은 미니 강아지
'토이푸들'이다.

반려란 미명하에 먹이마저 강제 당하며
살아가는 개다.

온종일 종이컵 한 컵 남짓

무엇 때문에
누가 정해논 이강아지의 배고픈 삶인가?

이작은 강아지의 기구한 삶이
님의 행복이다.

# 날, 버리셨나요? · 1
―― '나 여기 있어요'

추위에 얼어죽은 강아지다,
길가 풀숲 바윗돌사이 좁은 공간에
자리를 잡았다.

바람에 구름에
해와 달이 지고뜨고
임이 오는 발자국소릴 기다리다가
기다리다가 그만 잠이 들다.

머리에 꽂혀있는 빨간 리본이
바람에 살랑
'나 여기 있어요.'

## 날, 버리셨나요? · 2


피서철 끝날무렵
농촌이나 캠핑 장을 돌아다니는
예쁜 강아지들.

무엇에 수틀렸나?
죽어라고 좋아하다가 내버리다니
은빛목걸이 방울이 서럽다.

잘 갖고 놀다가도
싫증나면 내다버리는 장난감이
갠가?

# 날, 버리셨나요? · 3

포근한 금침을 버리고
어찌하여 이차디찬 땅바닥에서
잠든단 말인가.

머리에 리본을 곱게 꽂고
금빛목줄에 은방울도 단 귀티나는 푸들.

개 커피, 개 치즈, 개영양제, 개홍삼까지…
개모차타고 개유치원도 다녔을 강아지.

주인의 지극 정성 보살핌속에
오래 살라고 壽衣까지도 맞춰놓았을,

왜 버렸을까? 무슨 업본가?
돌 바람이 섧다.

## 입 맞 춤

은근히 달려드는 밀물처럼 부드럽고
순식간에 쓸려가는 썰물처럼 개운한 뒷맛,

거칠고도 달다.

# 아기로소이다 · 1

엄마와 외출이다, 온천지가 신기한 것들, 오늘은 무얼 보여주시려나? '착하지? 예쁘지?…' 오늘따라 왜 이리도 친절하실까? 수상쩍어도 바깥 구경은 신나는 일이다.

아니나 다를까 난생 처음 들르게 되는 미용실이다, 으스스하다, 들어가기 싫다. 이상한 망토를 뒤집어쓴 사람들이 큰의자에 목을 빼고 앉아있고, 하얀 가운을 입은 의사는 예리한 칼과 가위를 들고 사람들 머리를 매만지고 있다. 설마 날 저의자에 앉으라고 하진 않겠지? 내 머리를 저의사에게 내어주라고 하지는 않겠지?

눈치챈 엄마는 내 손을 낚아채고 순식간에 미용실로 끌어들였다, 그러곤 나를 의자에 앉혔다. '싫어요, 무서워요, 살려주세요,' 발버둥치며 울부짖어도 소용이 없었다. 엄마와 미용사 간 짜고치는 연합 작전은 일사 천리로, 도망쳐나갈 재간이 없었다. 온몸이 늘어졌다, 신음마저도 낼 힘이 없었다. 세상은 냉정했다, 주변사람들 누구 하나도 살려달라는 날 돕질 않았다.

'미워도 괜찮아요, 예뻐 보이고 싶지않아요, 머리카락이 좀 길면 어때요? 엄만 왜 내 머리를 엄마 멋대로 만들어야 해요?'

'죽을 뻔 했는데도 괜찮다고요? 맘, 왜 이러세요?'

# 아기로소이다 · 2

 엄마가 나갔다, 이때다, 저풀잎을 맛봐야겠다, 엄마가 늘상 매만져주던, 거실 탁자위 예쁜 그릇에 담겨진 풀이다.

 전에도 몇 번인가 손을 뻗어 보았지만 닿지를 않아 미수에 그쳤다. 이번엔 기필코 맛보리라, 까치발로 있는 힘껏 잡아당겼다, 확 딸려나왔다. 소파에 올라가서 질경질경 씹어보았다, 찔깃한 것이 무슨 맛인지 알 수가 없었다.

 그런데 뭔가 좀 이상하다, 풀그릇은 깨져있고, 거실바닥과 소파 곳곳엔 흙과 돌들이 흩어져있었다. 풀갖고 노는 데는 거슬림이 없었지만 아무래도 잘한 짓으로 보이진 않았다.

 엄마가 나타났다, 다급한 김에 나도 모르게 탁자밑으로 기어들어갔다. '이새끼, 저새끼, 무슨 새끼' 씩씩대며 나를 찾았다, 잘 숨었다고 생각했는데 '어떻게 알았지?' 탁자밑 깊숙이 똬릴 틀고 숨어있던 날 끌어내 다짜고짜 손바닥으로 엉덩일 때렸다.

 내가 왜 맞았는지, 엄마가 왜 화가 난 건지, 알 수가 없었다. 신기한 물건을 탁자위에 놔두고선, 끌어당기기 좋은 물건을 깨트렸다고 난리를 치다니. 과자를 줘놓고 먹었다고 화내는 것과 뭐가 다른가,

<

'맘! 왜 이러세요?'

*'조선 일보'(2021.8.14.) 한현우의 '나는 강아지로소이다'에서.

## 심안의 세계

내 친구 '일상이'는 앞을 못 본다,
늘 평온하고, 만나면 즐겁다.

하늘에 뭐가 보여?
나의 하늘은 사라지고 없어.
하지만 나의 별과 달과 태양은 늘 빛나고 있지.

4계가 한곳에 옹기종기 모여있고
하루에도 열여섯 번씩 해와 달이 뜨지.

우거진 풀숲에는 황금사슴이 뛰어다니고
물꽃 만발한 호숫가에는 온갖 새들이 무리지어 놀지.

갖가지 과일들과 알곡들이 지천이지만
주인도 없고, 손님도 없어
먹지않아도 배고프지않아.

아무나 볼 수 없는
그만이 보는 심안의 세계,

'마고의 숲'이다.

# '아아'를 아시나요?

 길거리 커피 점 앞, '얼죽아'(얼어 죽어도 아이스)들 틈에 끼어선 어느 할머니, 커피 한 잔이 그리웠나보다.

 "할머니, 무엇을 드릴까요? '아아'(아이스 아메리카노) 드려요? '따아'(따뜻한 아메리카노) 드려요?"
 "다 필요 없고, '핫아'(뜨거운 아메리카노)로 주세요."

 '아아'만 집어 드는 '얼죽아'들, 기다린 듯 얼음조각을 가슴속으로 쭉 털어 넣는다. 뜨거운 거품을 호호 불며 식혀 마실 여유마저도 이들에게는 넘치는 사치다. 고달픈 취준생들, 공부하랴 한 푼 벌랴 새벽잠을 설쳐가며 가장 빨리 가장 싸게 피곤에 전 몸을 깨우는 '아아' 한 잔이다.
 '아아'는 이시대 청춘들이 흘린 피와 땀, 인고의 시간, 좌절을 버틸 전투 식량이다. 커피(금전이 빠듯한 삶)와 아이스(마음이 여유롭지 못한 삶)를 함께 버무린 눈물의 한 끼다.

 할머닌 걱정이다, 아침부터 차디찬 것을 어쩌면 좋아? 배앓이 할 텐데?

  \*'조선 일보'(2021.6.26.) 김미리의 '아아 세대의 공정'에서.

# 아내의 봄바람

아내의 웬 봄바람?
남들 다하는 꽃놀이 가잔다.

어디든 안 좋으랴
문만 열어도 꽃이 만발이다.

뒷동산 벚꽃그늘 벤치에 앉아
멍 때리기 하기.

아기가 태어나고, 사기 당하고…
한때 별거했다.

그렇게 싸우고도 꽃놀이하는
썰렁한 우린,

몇 번의 봄을 함께 맞게 될지.

## 젖가슴속엔 무엇이 들었을까?

다섯 살 아들녀석
'엄마젖가슴 깨트리고 싶어.'

'이놈이? 지어미를?'
들었던 손을 내려놓으며
'왜 그러고 싶어?'

'무엇이 들었는지 꺼내보게요,
뚱뚱하잖아요?'

'무엇이 들었을까? 왜 보고플까?'
'사탕, 장난감
그리고 하트요.'

*이시는 '충성 카페'에 실린 '안선희 26가족' 님의 글 '믿거나 말거나'(2023.2.26.)
를 읽고, 어린이와 어른의 사이를 생각하면서 패러디한 민조시다.

## 며느리의 남자

아들이 엄마곁을 떠납니다,

낯선 여자 품 찾아가는
서운함일까요?
젖 뗄 때 몇날며칠 실랑이하던
아련함일까요?

아들은 며느리의 남자랍니다,

며늘아기의 머슴이라는
아들이랍니다.

## 어찌 다 말하리오

사람들 가슴속엔 무엇인가를
고이 담고 산다.

누구는 모래같은
누군가는 바윗돌같은 그 무엇인가를.

우르르 쏟아내면 후련하련만
그럴 수 없는 무엇인가를
가슴속 깊이 꾹꾹 담고 산다.

# 나는 시인이 아닙니다

나는요, 시인이 아닙니다,
차마 밥벌일 놓지 못하는 노동팔인 걸요?

쥐뿔도 없으면서, 술만 들면 큰소리 '뻥뻥'
사기꾼 맞지요?

어쩌다 시랍시고 무엇인가를 끄적거릴 때나.
어느 날, 그분이 밤새도록 날 괴롭혀
어쩔 수 없이 젖어들 때에
시라는 놈이 살짝 다가와 천연스럽게
졸고 있답니다.

나는요, 시인이 아닙니다,
수수한 날 바람이 일면
흔들림으로 외롭지않은 들풀이랍니다.

## 그때는 몰랐습니다

사랑채 가마솥엔 쇠죽 끓는 김 모락모락 나고.
고구마 서너 개가 숯불속에서 제살 태웁니다.

엄마는 아궁이속 고구마를 끄집어내 부지깽이로
재를 툭툭 턴 후.
껍질을 반쯤 벗겨 조심스럽게 막둥이 손에
꼭 쥐어줍니다.

엄마의 가슴에선 늘 청솔가지 내가 났습니다.
내 나이 엄마나이 되고나서야
엄마눈물이 내 눈을 타고 흘러내립니다.

## 장독대 추억

시골집 마당 한 켠 장독대위에
눈이 내립니다.

새하얀 털모자를 뒤집어쓰고
기도드립니다.

할머니 할아버지 손자들까지
온가족 모여
사진 찍습니다.

# 아내가 뿔났다

튼실한 사내놈이 납치해주면 두 눈 꼭 감고 따라가렵니다.
바람에 날아간 꽃모자를 죽을 힘 다해 집어주는 놈, 묻지도 않고 따라가렵니다.
대게를 쪄주고 까주고 빼주면서 임영웅의 '이젠 나만'을 아는 놈이면 따라가렵니다.

폭염에 웬 멍짖는 소리냐고요? 내가 도깨비 방망입니까? 달라고 하면 뭐든 나옵니까?
생각해 보세요, 밥달라 뭐 달라, 나만 보면 밤낮으로 보채는 통에 살 수가 없어요.

아내와 엄마는 언제나 에너지가 남아도는 게 아닙니다,
사랑받아야 숨 쉴 수 있는 뭇여자라고요!

꽃매미 떠나가고 귀뚜리 울면 마음에 맞는 친구들 불러 한 잔 하렵니다.
술이란 인생의 만병 통치 빨간약이자 홍삼액 맞지요?

## 왜, 거기서 나와



버리고 또 버리니,
아니 버릴—
것이 없다네,

情인지 뭔지 아니 버리고
집만 좁다 하네.

## 젊어지고 싶지않아요

과거로, 젊어지고 싶지않아요,
너무
잔인해요.

아내는?
자식들은? …
이 모든 것이 사라지잖아요?

## 그가 주인이다

바람에 흔들리며 땅을 휘감는
서녘노을의 춤.

이땅의 기억들로 하얗게 물든
산더미만한 삶.

이몸을 하나하나 거두어가는
그가 주인이다.

## 제4부 ———————— 초컬릿 맛을 느끼고싶은 날

만 두
냉면 한 그릇 하실래요?
수육을 먹으며
꼬막집에서
막 국 수
혼밥집 사람들
치 킨
쌀밥이 찬밥신세다
요 리 사
그러고 싶은 날
청국장맛 하랴
버려진 것들에게
두부먹는 날
암, 이상한 부작용
화려한 요람
걸어야 산다
돌밥돌밥, 확찐확찐
거룩히 지키라
세상은 미완성
'코로나'는 알고있다
곁에 있을 때

# 만  두

고고한 한옥처마 서까래같은 가지런한 주름.
팽팽한 긴장감을 속으로 품은 사내 불알이다.

맛간장 한 방울에 봇물 터지듯
소를 쏟아낼 쯤.

발그레 볼 한쪽이 부풀어 올라
둥둥
북을 친다.

## 냉면 한 그릇 하실래요?



차갑고 척박하고 거칠고 질긴
땅기운을 담다.

똬리를 단단히 튼 면다발위에
꾸미가 앉았다.

덜큰한 면국물이 목줄을 타고
속깊이 스밀 쯤.

분계선 걷어내듯
꼬인 위장이 확 풀려 내린다.

## 수육을 먹으며

새우젓 한 젓가락 수육에 얹어
배춧잎에 싼다.

스르르 살코기가 질컹 씹힌다,
뭇사내 맛이다.

## 꼬막집에서

꼬막집 안주인이 내온 술 한상
물씬 갯냄새다.

노어부 거북손등 주름살 닮은
앙다문 입술
누구에게도 벌린 적없는
철옹문을 딴다.

육즙이 찰랑찰랑
질펀한 갯벌
질감 원초적인.

태곳적 원시인이 살다 남겨준
조개무덤 하나.

# 막 국 수

후루룩 한 젓가락
줄낚에 걸린 물고기처럼 팽팽한 저항감.

무심히 휘휘 말은 수타 면발이
요동을 친다,
뱃속 깊숙이 매운맛이 돈다.

매미가 길고높은 음을 타는
여름한낮이다.

## 혼밥집 사람들

밥솥이 필요없다, 냉장실은 비었어도
냉동실은 미어터진다,
전자 레인지 하나만으로 온갖 게 다된다.

헐벗은 차림으로 눈물 콧물 스트레스를
혼자 짜내며 후다닥 먹는 밥.

문자나 인증샷을 찍어 올리면
'좋아요'가 뜨는.

줄서서 기다리지 않아도 되는
맛집이 집이다.

# 치     킨

멋있는 척하더니,
벗겨놓으니 정말 형편없네.

시커먼 인간 속살
볼 수 없는 게 천만 다행이다.

## 쌀밥이 찬밥신세다

밥심이 쫓겨났다,
풀심과 빵심 매운 면심에게.

쌀밥이 무슨 죈가?
민심이라네,
천하 밥심도 찬밥신세라네.

# 요 리 사

한 치의 빈틈없는 몸놀림으로
불춤을 춘다,
주방이 무대다.

뜨거운 열기속에
서두르거나 주저함없이
날선 칼날을 휘둘러대는 반쯤 뜬 눈빛,

냇물 흐르듯 자연스럽게 리듬을 타는
식신들린 춤꾼.

## 그러고 싶은 날

라면에 공깃밥을 휘휘말아 배추김치와 퍼먹고싶은 날.
고기를 쌓아두고 뿌연연기를 집안 가득히 피우고싶은 날.

사르르 녹아드는 아슬아슬한 초컬릿 맛을 느끼고싶은 날.
달콤한 샌드위치 한 조각으로 아침끼니를 때우고싶은 날.

조용히 어디론가 떠나고싶은, 바람과 함께 그러고싶은 날.

## 청국장맛 하랴

입안에 감도는 쿰쿰한 맛
이것저것 섞어먹어도 무겁다거나
번잡하지않은.

묵직한 향기속엔
거만함도, 누군가를 깔아뭉개는
위대함도 없다.

오래된 이나라의 익숙한 맛
어디를 가도 다르지않은
그맛
그향이다.

## 버려진 것들에게

버려진 것들에게 눈길이 간다,
비는 내리고
온기가 남아—
있지는 않은지.

한동안 누군가의 손길로부터 귀함받던 것들.
철없이 선택하고, 속절없이 내다버리는
버림을 받은 것들이 슬퍼
지구는 아프다.

## 두부먹는 날

교도소 출소할 때 몽글몽글한 두부를 먹는다.
다시는 콩밥먹지 말라는 뜻이
담겨있다지요?

코로나 감옥살이
누가 저지른 무슨 죗값인가?

툇마루 양지에서 하품을 하는 고양이처럼
여유로움을 누릴 수 있는 그런 날 오기를.

코로나 끝나는 날 두부먹는 날
자유, 되찾는 날.

# 암, 이상한 부작용

암환자 친구는
언젠가 자기곁을 떠난 이들이 되돌아오는 기이 현상에
깜짝 놀란단다.

그옛날
묘하게 미워하며 떠난 이들이
암걸렸다는 소식을 듣곤 전화를 하더래.

무작정 우는 이
그동안 자기가 나빴다며 지금 당장 만나자는 이
잘못했다며 용서를 비는 이.

암이란 나쁜 놈의 선물이라나?
암의 이상한 부작용이라나?

## 화려한 요람


땅에는 코로나
하늘에는 미세먼지
바닷물에는 미세 플래스틱.

인간이 저질러논
신의 저준가,

요람속으로, 요람속으로
오라, 쉬라한다.

## 걸어야 산다

코로나 '확찐자'(코로나 비만 신조어)들 걸어야 산다,
청계천 나들이.

가난한 연인들이 도시락을 나눠먹으며 데이트 하는 곳.
60대 여인들이 소녀들처럼 냇돌에 앉아 재잘대는 모습.
돌다리 건너는 어린딸의 정겨운 모습 폰에 담는 아빠.

그런데 쟤들은 웬일이람? 물길에 선 백조 부부
그 고고함에 발길을 멈춘다.

여기가 어디라고?
이 복잡한 서울도심에 결코 너희가 올 곳이 아닌데?
사람이 그리웠나?
차도 많고 사람도 많은 도심 생활이 몹시 궁금했나?

배불리 잘 놀다가 돌아가렴
살다가 문득 도심 여행이 그리워지면 언제든 또 오렴.

*'조선 일보'(2021.7.3.) 김윤덕의 '아무튼, 줌마'에서.

## 돌밥돌밥, 확찐확찐

주방이 코로나 격전지다,

돌아서면 밥해야 하는 재택 근무여
급식·외식이 베풀어주던 자비로움이여.

눈떠서 잠자리 들때까지 미끌거리는
거품과의 동행,

'돌밥돌밥'이다,
'확찐확찐'이다.

> *'돌밥돌밥, 확찐확찐': 2019년 12월 중국 우한에서 발생한 바이러스 성 호흡기 질환인 '코로나 19' 감염 예방을 위해, 입·개학 연기, 재택 근무 등 사회적 거리 두기로 인해 가정에서 식구들이 온종일 같이 있으므로 해서 발생하는 현상을 두고 일컫는 말로, '돌아서면 밥(돌밥). 코로나 비만(확찐)'이라는 코로나 시대 신조어.

## 거룩히 지키라

'거룩히 지키라' 안식일을 잊지 말라는
'십계명'입니다.

전염병 페스트가 유행했던 16세기 초
종교 개혁가 마틴 루터는
역병 마귀를 퍼트리거나, 등한시하면
믿음이 아닌, 시험이라고 설파했습니다.

풍요와 안락의 이시대에 '코로나'라니,
이 위기앞에 우리는 과연 빛과 소금인가.
이시대 예수라면 이불바다를 어떻게 했을까.

*'조선 일보'(2020.9.14.) 김윤덕의 '누가 한국 교회에 …'에서.

## 세상은 미완성

가까이 다가보면 옹이투성이
성한 나무 없다.

샅샅이 들쳐보면 잡티투성이
고운 얼굴 없네.

## '코로나'는 알고있다

창문을 열어놓고 모기잡는 건 겨울철이라고?
확산의 주원인은 중국에서 온 한국인이라고?

조용히 움직이는 코로나는
사람을 따라 사람들 속으로.

'요즘 좀 어떠세요?'
'거지같아요, 죽게 생겼어요.'

장사가 어렵다고 솔직하게 말한 건데
벌떼처럼 달려들어 물고뜯는다,
그게 그렇게 잘못된 말인가?

"우둔한 지도자와 우매한 '民'이 한 패"가 되면
신도 못 거든다,

코로나는 안다.

## 곁에 있을 때

멧새의 지저귐도
곁에 있을 때 들어줄 일이다.

다가온 강바람도
살아있을 때 놀아줄 일이다.

어느 날 웃음짓는 능수버들도
돌아볼 일이다.

제5부 ──────────── 개울 건너듯, 이봄 가고나면

농 부 가
얼치기 변사또·1
얼치기 변사또·2
나쁜 친구
사랑에 빠진 게 죄인가요?
왜 그러는 걸까
왜 그랬을까(-6·25 직전 미스터리)·1·2
홍콩은 말한다
물은 높은 곳을 안다·1
물은 높은 곳을 안다·2
누구의 나라인가?
부동산이 두더진가?
촛불의 이름으로
이봄 가고나면
대한 민국이다
설 수도, 돌릴 수도·1·2
파  도
널 기다리며(-낚 시)
바람의 춤

민조시집 평설/인간에 대한 애정과 자연에 대한 신뢰/이 승 하

# 농 부 가

모른다 하지마라, 3복 염천에 왜 논매는지를.

미끈한 겉모습에 피가려낼 줄 모르는 농부야.
대대로 물려받은 문전 옥답이 벼 반 피 반이다.

곡간에 쌀 찼다고 좋아하느냐,
'풍년이 왔네, 평화가 왔네' 꽃잔치 벌였다.

## 얼치기 변사또 · 1

담장을 뒤흔드는 백성들의 피끓는 원성
권주가로다,
술맛이 달도다.

모든 게 생각대로 잘 돼가는데
왜들 야단이람?

달달한 맞장구에 얼굴 벌개진
얼치기 사또,

백성들 저녁
굶지나 않을지.

## 얼치기 변사또 · 2

하늘도 백성들도
두려워할 줄 모르는 사또야.

처음과 같지않을
끝을 모르는 얼치기 사또야.

날이면 술상머리 기녀들의 혀짧은 소리
궐안이 저문다.

## 나쁜 친구

믿음이 가지않는 친구인데도
혼자만 좋단다.

뭐든지 주고싶고, 만나고싶어
시종 안달이다.

평화를 노래한들
형제 심장에 총질한 놈이다.

언젠간 얼굴 할퀼
날선 손톱을 감춘 걸 알고도….

그들은 아무래도
오래전부터 절친인가 보다.

# 사랑에 빠진 게 죄인가요?

금지된 사랑에서 문학이 되고 예술이 싹튼다.
피카소·헤밍웨이·우디앨런이 죄다 그런 계열.

사랑에 빠진 게 죄인가요?
주고주고 퍼주고싶은 독한 사랑이
불화살 되어 내 가슴팍을 향해 날아온다.

좋은 걸 어떡해요?
침 흘리고, 방귀뀌고, 쌍욕을 하고, 따귀를 쳐도
내 사랑인 걸요.

## 왜 그러는 걸까

북한의 김일성은 '주체 사상'을 남겨놓고 갔다.

남조선 요소 요소 '주체 사상'을 신봉하는 자들.
통일도 우리끼리 주체적으로 해야 한다는 것.

북한은 동족이고 동족의 적은 우리의 적이다.
미군은 물러가라, 공작원 잡는 보안법 없애야.

그들이 신봉하는 '주체 사상' '김일성 주의'
안방문턱을 드나들고있다.

# 왜 그랬을까 · 1·2
—— 6·25 직전 미스터리

1.
도발을 한다는데
군수뇌부 인사 이동(6.10.)과
계엄령 해제(발동 12일만인 6.23.)를.

최일선 근무 병력 3분의 1(1/3)을 휴가와
외박(6.24.)을.

저녁엔 군수뇌부 장교 구락부
개관 축하연(6.24.밤.)을.

술향기 진동하고(6.25. 새벽 2시.)
새벽 들녘엔 불꽃 타오르고(6.25. 새벽 4시.).

2.
그날 밤(6.24.)
'국일관' 2차 파티(6.25. 새벽 2시.) 술값을 낸
연합 통신 정 주필은
휴전 협정(1953. 7.27.) 후 간첩 혐의로
6개월 만(1954년 초.)에 사형 집행 됐다.

<

그런데,
정 주필 재판 기록 어디 갔을까,
'정국은' 그만
간첩이었을까.

*6·25 직전의 미스터리(서라벌 군사 연구소 소장 이종학)에서.

## 홍콩은 말한다

파란 눈 서양인의 지배로부터 벗어나기만을.
검은눈 같은민족 동포품으로 돌아가기만을.
조국은 돌아온 이들을 길거리로 내몰았다,
민주 주의를 부르짖는다고.

독재와 민주화는 동족 간에도 공존할 수 없다.
양제든 연방제든 또 하나의 동족 내전을 불러들이는
불의 통일이다.

통일의 대의가 아무리 근사해도
공산 독재를 용납하거나 받아들여선 안 될 일이다,
받아들일 수 있는 체제로 변할 때까지 기다릴 일이다.

평화를 원한다면, 통일 미래가 소원이라면
받아들일 수 있는 체제로 바뀔 때까지
기다릴 일이다.

## 물은 높은 곳을 안다 · 1

냇물은 아래로 아래로
낮은 곳을 찾아흐른다,

낮은 곳으로 흐르기 위해
아무도 몰래
높은 곳으로 높은 곳으로
쉼없이 오른다.

## 물은 높은 곳을 안다 · 2

쉼없이 흐르는 건
고이고싶지 않기 때문일까.

급할 땐 우렁차고
잠시 머물 땐 파문을 만들고.

한 번도 높은 곳을 쳐다보거나
높은 곳으로 흘러보지않은.

오로지 외길만을

낮은 곳으로 낮은 곳으로
낮은 곳만을 찾아 흐르는 물.

## 누구의 나라인가?


이제는 살았구나, 배를 만나고
사람을 만나고.

'여기요! 사람이요! 살려주세요!
대한 민국의 공무원입니다.'

그런데, 난데없이 총을 쏘고
주검위에다 기름을 붓고, 불을 지르고
어떻게 사람을….

그렇게 좋아하는 사이라면서
바다위에서 사경에 처한 생명 하나를
도와달라는 전화도 못하나?

궁색한 변명으로 구하려고 하지도 않고
거두려고도 하지않는 나라.

대한 민국인가?
누구의 나란가?

## 부동산이 두더진가?

부동산 가격이 두더진가? 잡는다는데
뭘 잡는단 건가.

불줄일 생각않고
들썩이는 냄비뚜껑만 벽돌로 누른다.

집이란, 개미가 보리 한 알 입에 물고
목포항에서 서울로 가는 길이 아닐는지.

## 촛불의 이름으로

촛불이 민심이란 이름으로
법도 고치고
역사도 뒤집고.

나라를 세우고
6·25전쟁에서 목숨걸고 이나라를 지킨 일이
친미 반혁명 행위가 되는
기막힌 일이 벌어지지나 아니할는지,

과연 기우일까.

## 이봄 가고나면

산천에 꽃물들고, 3·8선에도 봄이 한창인데.
여전히 남녘에는 겨울바람이 가시질 않는다.

분계선 넘는 일이 개울 건너듯 이리도 쉬운데.
이봄이 가고나면 무덥지않은 여름이 올는지.

*판문점 남북 정상 회담(2018.4.27.).

## 대한 민국이다

촛불든 사람만이 이 나라국민 민주 세력이다.
태극기 흔든 사람 반민주 세력 척결 대상인가.

누구든 당당하게 태극기앞에 설 수 있는 사람.
누구든 떳떳하게 태극기 들고 흔들 수 있는 자유로운 나라,

대한 민국이다,
대한 국민이다.

# 설 수도, 돌릴 수도 · 1·2

1.
'그양반 얼굴빛이 좋지않다'는
동네 어르신들.

말마다 '까만 밤을 낮이라' 하니
어두울 수밖에.

'12명 양반들 중
어느 양반이 젤 좋은 것같아?'

'한이불 덮고자는 영감속도 모르는데
멀리서만 본 양반들 속을 내가 어찌 아누?'

2.
아무리 보고봐도 터널의 끝이 보이지않는다.
그양반 입만 열면 곧 끝난다고 바람을 잡는다.

달리는 터널에서 설 수도 없고, 돌릴 수도 없고.

## 파 도

바람과 속삭이며
어디를 돌아 여기까지 왔나.

뭍으로 올라오지 못한 파도는
두런대다가, 두런대다가,

섬으로 숨는다.

# 널 기다리며
── 낚 시

설레임,
기다려본 사람은 안다,
이내 오리라는.

발걸음 소리일까
날부르는 메아리일까,

가녀린 떨림
잠녀 숨비소리.

## 바람의 춤

바람은 나무의 춤입니다,
그 몸짓으로 바람이란 걸
알게 해줍니다.

달콤한 목소리의 잔잔한 울림
따듯한 이의 사랑스런 눈빛.

보이지않더라도 들리는 것이
보게 해주고요.
들리지않더라도 보이는 것이
듣게 해줍니다.

〈여윤동 제3민조시집 평설〉

# 인간에 대한 애정과 자연에 대한 신뢰

## 이 승 하
〈시인·중앙대 교수〉

　시의 위상이 흔들리고 있는 시대이다. 시집이 매일 몇 권씩 출간되고 있지만 독자들에게 따뜻한 공감과 훈훈한 감동을 선사하는 시집은 이상하게도 눈에 잘 안뜨인다. 그래서인지 시낭송 인구가 현저히 늘었고, 시조 인구가 증가하고 있다. 현대시의 특징을 난해성으로 꼽는 이들도 있는데, 안그래도 애매하고 다의적이고 상징적인 것이 시이거늘 아주 길고 산문조이기까지 하다면 읽기가 싫어질 것이다.
　시는 운문임에 가락이 있어야 하는데, 이것을 가리켜 운율(리듬)이라고 한다. 문예지의 시편을 통독해 보아도 운율이 깃들어있는 시는 찾아보기 어렵다. 혼자 하는 독백이 하염없이 길어지면 한두 번은 들어줄 수 있지만, 그이상은 어려운데, 오늘날 우리 시들이 바로 그렇다.
　이러한 때에 呂閏東의 제3民調詩集 원고를 받고 읽어나가기 시작했다. 시들이 간결하고 의미가 확실하다. 요즈음 시는 머리를 두 바퀴 세 바퀴 굴려도 알아들을 수 없는 시가 대부분인데, 이럴 수가! 놀라움을 금

할 수 없다.

시는 一目瞭然, 頂門一針, 寸鐵殺人을 지향해야 하거늘 바로 여윤동 시인의 시가 그렇다. 여윤동 시인은 3·4·5·6調 정형시, 民調詩를 쓴다. 제일 앞머리의 시부터 보자.

아득한 그 어느 날
운명처럼 절벽 난간 바위틈새에 실뿌릴 내렸지.

천 년의 고단함이 천둥번개로 시커멓게 타 뒤틀려 굳은
거북등껍질 갑옷을 두르고.
몇 가닥 솔잎으로 살아있다는 송진 덩어리
숨쉬는 미라로.

어쩌면 삶과 죽음 어느 하나도 그분의 뜻인즉.
억겁을 넘나드는 '바라밀'이나 읊조릴 일이다.

—— 民調詩 '神松 바라밀' 전문

전국의 소나무들 중에서 자태가 아주 아름답고 수령도 오래된 소나무가 3백 그루쯤 되는데, 그중에서 특별히 神松이라 불리는 나무는 대략 스무 그루쯤 된다고 한다. 다 사람의 기준으로 매긴 것이라 주관적일 테지만, 수백 년 동안 만고 풍상을 이겨내고서 뒤틀린 몸으로 서있는 소나무를 보면 경이로움과 존경스러움을 넘어 두려운 마음까지 안기기에 神松이라 부르나보다. 그런데 '바라밀'은 또 무엇인가. 대승 불교에서 말하는 것인 바, 열반의 경지로 다가가기 위한 보살의 수행 방법이다. 피안에 이른다(도피안)는 것과 '완성' '성취'란 뜻이 담겨있다.

현실의 차안에서 열반의 피안으로 건너가기 위해 수행을 게을리 하면 안된다는 것인데, 이시에서는 절벽 난간 바위틈에서 자란 소나무가 바로 그것을 행하고 있다. 소나무는 나이를 확실히 알 수 없는 고목이다.

번개를 맞아 몸이 시커멓게 타 뒤틀려있다. 거북등껍질같은 갑옷을 두르고서 그래도 살아있음을 몇 가닥 솔잎으로 증명하고 있다. 송진은 덩어리가 져있다.

  시의 마지막 연이 의미 심장하다. 우리네 목숨은 언제 끊길지 모르는 '바람 앞의 등불' 같은 것이다. 그저 살아있는 동안 피안에 이르기 위해 수행을 게을리 하면 안된다는 다짐을 하고있다. 이어지는 시편이 거의 다 불교적인 내용이다.

'진관사' 앞마당을 비질하는
까까머리 앳된 비구니
하얀 달빛에 누더기가 곱다.

절간을 드나들며
땅바닥에 흘리고 간 세인들의 발자국을
마당 한 켠에 쓸어모으며
관세음 보살,

새벽 예불 소리.

                ── 民調詩 '산사의 새벽 예불' 전문

까까머리 앳된 비구니가 빗자루를 들고서 수행 중이다. 입으로 관세음 보살 경을 외우니 그거 자체가 새벽 예불이다. 시인이 보건대 산사에 오면 모든 생명체가 제나름의 방법으로 수행을 하고있다.

새들은 경을 외고
딱따구리는 목탁을 쳐대고,

때마다 쿠쿠보살 귀뚜리처사
지극 공양이라.      &lt;

절지기 할 일 없어 묵언하는데
수행한다 하네.

— 民調詩 '묵언 수행' 전문

절지기(스님)는 할 일이 없어 입을 다물고 있는데, 그것도 남들이 보기에는 천주교의 '침묵 피정'처럼 '묵언 수행'으로 간주할 수 있는 것이다. 이와 같이 여윤동의 시는 거의 대부분이 아주 짧고 내용이 난해하지않고 담백하다. 이런 시도 있다.

절간의 꽃바람결

보살가슴에 흐드러지는
봄.

— 民調詩 '절간의 봄바람·1' 전문

절간에 흘리고간 숫처녀눈빛
잠 못 드는 풍경.

실바람 살랑살랑 봄밤 흔드는
지독한 분냄새.

— 民調詩 '절간의 봄바람·2' 전문

절간이 수행만 하는 곳이 아님을 알려준다. 여기도 사람사는 곳이다. 청춘 남녀가 그곳에도 있고, 그들이 목석이 아닌 다음에야 가슴이 설레고 벅차 잠 못 드는 날이 있을 수 있을진대 참선만 강조하지 말라고 시인은 얘기한다.

욕망을 인내하는 것도 수행이 아니겠는가. '철없는 아낙'이나 '부석사 不二佛도 인간의 원초적 욕망을 억누르는 것 자체가 얼마나 힘겨운 수행인지를 은근히 얘기해주는 시이다. 인간은 졸리면 자야 하고, 배가 고

프면 먹어야 하거늘, 이성을 향해 종족 보존의 욕망이 솟구치면 어떻게 해야 하는가? 呂 시인의 생명체에 대한 탐색은 쑥부쟁이 연작시 7편으로 이어진다.

세상에 태어나서
생일이란 걸 지니고 살다가,

봄·여름·가을·겨울
기일이란 걸 남기고 떠나네.

—— 民調詩 '쑥부쟁이의 노래·3' 전문

비오고 바람불고 날이 저물고……
죽었다는 소식.

말길이 끊겼으니
그가 가는 길 누가 알까마는,

한 되 반 고운 빛깔
삶은 거칠고, 죽음은 가볍다.

—— 民調詩 '쑥부쟁이의 노래·4' 전문

쑥부쟁이는 이나라 들판 여기저기에서 제멋대로 피어나는 풀인데, 여름과 가을에 담자색 꽃을 피운다. 작은 국화라고 할 수 있을까. 예쁘기는 하지만 땅속줄기가 벋어 번식함으로써 생명력이 아주 강하다. 하지만 인간이 어디 그런가. 제목숨 하나 건사하기도 쉽지않다. 질병이 찾아와서, 혹은 사고로 덧없이 죽는 것이 대다수 인간이 맞는 마지막 모습이다.

요즈음에는 관에다 시신을 넣어 땅밑에 안장하는 매장을 할 수 없어서 화장을 하고, 화장한 한 되 반 정도 되는 뼛가루를 납골당에 안치하거나 나무밑에 묻는다. '삶은 거칠고, 죽음은 가볍다.'라는 말이 맞다. 우리 인간이 쑥부쟁이의 생명력을 갖고 살아가면 얼마나 좋으랴. 암사망이 아니면 요절·사고사·비명 횡사로 죽는다. 현실에서는 더 기막힌 죽음이 즐비하다. 그런데 우리가 잊고사는 게 있는데, 바로 자식을 잉태하고서 열 달 동안 고생했던 어머니다.

내 몸엔 젖냄새가 배어있다,
객지에서 말똥처럼 나뒹굴다 돌아와도
단내나는 젖가슴으로 안아주던 엄마.

엄마를 알기까진 너무나 많은 시간이 걸렸다.
엄마가 열명길에 들고 나서야 깨닫게 된 눈물.

태어나 제일 먼저 입술에서 난 소리가 엄마다.
—— 民調詩 '쑥부쟁이의 노래·6' 전문

열명길은 사람이 죽은 뒤에 그혼이 가서산다고 하는 저세상으로 가는 길이다. 화자가 한생을 살아가게끔 한생명의 모체인 엄마의 고마움을 잊고, 모르고 살았는데 열명길에 들고나서야 은혜를 알고서 눈물을 흘린다. 그리고보니 세상에 태어나 제일 먼저 한 말이 '엄마'였다.

시인은 어언 일흔이 되서야 이사실을 깨달았다고 가슴을 친다. '값없이 받기만 한 생명이지만/ 그덕에 삽니다.'로 끝나는 시를 제1부의 제일 마지막에 배치한 것도 같은 이유에서일 것이다. 제2부에 들어가서는 본격적으로 자연을 탐색한다. 우리가 자연 덕분에 이렇게 살고 있는데, 공장을 가동하고 매연을 내뿜는 차를 운전하고 다니면서 자연을 무시한다. 아니 자연을 파괴하면서 산다.

삶 속에 풀 한 포기 이해하려는 여유로움이면.

원시로 돌아가려 하늘바라기 저 망초를 알까.

심신이 고달프고 아파야 하는 삶의 문제들이.
어쩌면 이자연과 멀어져 생긴 일이 아닐는지.

— 民調詩 '자연에게서' 전문

시인은 우리네 인간이 고달파하고 아파하는 삶의 온갖 문제들이 자연과 멀어짐으로써 생긴 것이 아닐까 하는 생각을 하고있다. 풀의 생명력을 보라. 나무들도 곤충들도 동물들도 살려고 애쓰고 있는데 우리 인간은 각종 공해의 주범이다. 공장의 매연·미세먼지·지구 온난화의 주범은 바로 인간이다. 자연의 경고를 우리가 이렇게 계속해서 무시하다가는 큰코다칠 것이다.

오뉴월 남새밭에 풀이 넘친다,
질긴 싸움이다.

남새를 풀들에게 내어주었다,
밭이 들을 낳다.

남새와 풀사이에
철없는 내가 끼어들어
졌다.

— 民調詩 '풀을 이기려하지마오' 전문

남새는 사람이 심어서 가꾸는 작물, 즉 무·배추·미나리·아욱 등을 가리키고, 풀은 제스스로 날아와서 자라기에 잡초로 불린다. 남새와 풀의 싸움에 사람은 당연히 남새편이다. 그런데 조금이라도 사람이 둘 사이의 싸움에 신경을 쓰지않으면 풀이 이긴다. 남새와 풀사이에 철없는 화자가 끼어들었다가 풀에게 지고말았다고 한다. 아무래도 남새는 인공이고 풀은 자연이다.

  시인은 자연과 인공의 싸움에서 최후의 승자가 자연이 될 거라고 생각한 것이다. 모든 생명체의 생로 병사 또한 자연의 법칙이다. 사람이 수명이 있어야지 노력도 하고 체념도 하지않겠는가.

  속세의 연을 끊고
  왔던 곳으로 되돌아가는 길.

  아무런 미련없이
  떠나야 할 때 스스럼없이 훌쩍 떠나는
  한 장의 생명력.

── 民調詩 '낙엽, 떠남의 미학' 전문

  呂 시인은 우리가 가을이면 지는 낙엽을 보고 그 어떤 깨달음을 얻어야 한다고 주장한다. 生者必滅과 會者定離를. 萬物流轉과 事必歸正을 주장했다고 본다. 시들이 하나같이 짧지만 그안의 의미는 이렇듯 단순하지않다.

  '살아있는 모든 것들이 왠지 쓸쓸하다.'('가을이 사려져간다.')거나 '노을이 지고 나면 구름만 떠돌/ 별도 달도 섧다.'('바람의 노래')고 하면서 비관적인 생각에 사로잡힐 때도 있지만, 때로는 희망의 노래를 들려주기도 한다.

  세상이 새까맣고, 닥친 현실이 초라할지라도.
  하늘을 우러르다 태양 빛살에 타죽을지언정.

  누구도 가보거나 아는 이 없는 내일이 있기에.

── 民調詩 '내일이 있기에' 전문

&lt;

바람에 뿌리뽑혀 길바닥위에 나뒹굴지언정.

사랑은 어느 봄날 바람처럼
알게 모르게 우리들 곁을 찾아온답니다.

— 民調詩 '어느 날 사랑이' 전문

시인이란 늘 방황하고 회의하는 것이 본성이긴 하지만, 이와 같이 희망을 잃지않고서 우리에게 용기를 북돋아주기도 한다. 누구에겐들 세상살이가 절망스럽지않으랴. 하지만 여윤동 같은 시인이 있기에 우리는 새삼 푸른하늘을 우러러보기도 한다.
제3부의 시는 거의 대다수 시인의 유년 시절과 성장기 때를 회고하는 것, 가족 이야기다. 일괄 통독하면 시인의 과거지사를 알게 된다.

사랑채 가마솥엔 쇠죽끓는 김 모락모락 나고.
고구마 서너 개가 숯불속에서 제살 태웁니다.

엄마는 아궁이속 고구마를 끄집어내 부지깽이로
재를 툭툭 턴 후.
껍질을 반쯤 벗겨 조심스럽게 막둥이 손에
꼭 쥐어줍니다.

— 民調詩 '그때는 몰랐습니다' 부분

시골집 마당 한 켠 장독대위에
눈이 내립니다.

새하얀 털모자를 뒤집어쓰고
기도드립니다.

할머니 할아버지 손자들까지
온가족 모여

사진 찍습니다.

— 民調詩 '장독대 추억' 전문

呂 시인은 지리산 남쪽 끝자락에 있는 경남 합천군 대병면 유전리(황매산골)에서 태어나서 자랐다. 지명을 들어본 적이 없는 첩첩산골인데 군복무도 20년 동안 야전에서 했으니, 그는 누가 뭐래도 촌놈이다. 그래서 시의 공간적 배경이 대부분 자연이 되었나 보다. 시인은 영혼의 쉼터인 그곳의 아름다움을 누구보다 잘 알고 있다.

제4부에는 여러 가지 먹거리에 대한 시가 모여 있다.

입안에 감도는 쿰쿰한 맛
이것저것 썩어 먹어도 무겁다거나
번잡하지 않은.

묵직한 향기속엔
거만함도, 누군가를 깔아뭉개는
위대함도 없다.

오래된 이나라의 익숙한 맛
어디를 가도 다르지않은 그맛
그향이다.

— 民調詩 '청국장맛 하랴' 전문

사람은 어릴 때 먹었던 것에 대한 향수를 좀처럼 잊지 못하고 찾게 된다. 냄새가 좀 고약하기는 한데 맛은 참으로 일품인, 아주 묘한 식품이 청국장이다. 외국 사람은 그냄새 때문에 입에도 못 대는데, 시인은 '쿰쿰한 맛'과 '묵직한 향기', 그리고 '오래된 이나라의 익숙한 맛'을 못 잊어 어디를 가도 즐겨 시켜먹는 모양이다. 촌놈의 시가 참 촌스러운데 마음에 드는 것은 해설자의 출생지가 경북 의성군 안계면이고, 성장지가 경북 김천이기 때문인가 보다.

후루룩 한 젓가락
줄낚에 걸린 물고기처럼 팽팽한 저항감.

무심히 휘휘 말은 수타면발이
요동을 친다,
뱃속 깊숙이 매운맛이 돈다.

매미가 길고 높은 울음을 타는
여름 한낮이다.

— 民調詩 '막 국 수' 전문

'뱃속 깊숙이 매운맛이 돈다'는 멋진 구절을 보니, 금방 군침이 돈다. 시인이 이열 치열로 한여름에 매운 막국수를 먹는 모습이 떠올라 입가에 미소를 머금게 된다. 음식을 소재로 한 다른 시들도 흥미 진진하고 식욕을 느끼게 한다. 만두·냉면·수육·꼬막·두부……. 다 토속적인 음식이다. 반면 치킨은 이렇게 묘사된다.

멋있는 척하더니
벗겨놓으니 정말 형편없네.

시꺼먼 인간 속살
볼 수 없는 게 천만 다행이다.

— 民調詩 '치 킨' 전문

삼계탕도 닭볶음탕도 아닌 치킨이다. 닭의 모습은 어디 가고 없고 벗겨놓은 모습이 영 형편없다. 그런데 시인이 치킨이 된 닭의 모습을 다루지않고 '시꺼먼 인간의 속살을 '볼 수 없는 게 천만 다행'이라는 깨달음 내지는 경구의 세계로 간다. 그러니까 먹거리를 동원해 인간을 얘기하는 것이다. 인간의 삶·속성·본질 같은 것을.

제5부의 시들은 이땅의 정치 상황에 대한 비판과 풍자의 시로 채워져 있다. " '우둔한 지도자와 우매한 民이 한 패'가 되면/ 신도 못 건든다."(" '코로나는 알고 있다")고 하지를 않나, '달달한 맞장구에 얼굴 벌개진/ 얼치기 사또.// 백성들 저녁 굶지나 않을지.'('얼치기 변사또·1') 하면서 정치적으로 민감한 사안에 대해서 거침없이 직언을 날린다.

6·25전쟁 직전의 일련의 일들이 다 북한을 도운 것들이라 의구심을 떨쳐버릴 수 없어서 '왜 그랬을까'를 쓴다. 월북을 시도한 인사로 한순간 간주되어 졸지에 총탄을 맞고 사망한 '연평도 실종 공무원 사망 사건'에 대해서도 '누구의 나라인가'에서 의문을 제기한다.

시로 이런 소재를 다룬 시인의 용기가 부럽다. 이들 시는 이땅의 정치가들과 고위 공직자들이 읽어야 한다. 평범한 퇴역 군인 시인의 볼멘소리를 듣고 이땅의 지도자들이 정신을 차려야 하는데, 과연 그렇게 할 사람이 있을까. 우국 지사는 아니지만 이 땅의 정치를 생각하면 걱정이 많이 된다. 걱정만 하고 있다.

여윤동 시인은 '이 나이가 되어 내 무엇을 두려워하랴' 하는 생각에서 용기를 내어 이런 시를 썼을 것이다. 이들 시에 대한 해설은 생략한다. 독자가 읽고 판단하기를 바라면서. 이제 주어진 원고의 양이 다 찼으므로 아주 색다른 시를 한 편 소개하고 해설 쓰기를 마칠까 한다.

나는요, 시인이 아닙니다,
차마 밥벌일 놓지 못하는 노동 팔인 걸요?

쥐뿔도 없으면서, 술만 들면 큰소리 '뻥뻥'
사기꾼 맞지요?

어쩌다 시랍시고 무엇인가를 끄적거릴 때나.

어느 날, 그분이 밤새도록 날 괴롭혀
어쩔 수 없이 젖어 들 때에
시라는 놈이 살짝 다가와 천연스럽게
졸고 있답니다.

나는요, 시인이 아닙니다,
수수한 날 바람이 일면
흔들림으로 외롭지않은 들풀이랍니다.

— 民調詩 '나는 시인이 아닙니다' 전문

자기 자신을 시인이라고 부르지않는다. 자연이 시를 쓰게 했을 따름이다. 그래서 자연스러운 시와 자연을 소재로 한 시가 많았나 보다. 하지만 시의 여신 뮤즈가 나를 찾아와 괴롭히면 밤을 새우기도 하고 바람이 일면 흔들리는 들풀이 되곤 한단다. 부처님도 문학병에 걸린 이는 치료해주지 못하나 보다. 그러니 어쩌랴. 목숨줄을 놓는 그날까지 시를 쓸 수밖에 없다. 이 고약한 운명의 봇짐을 지고 여윤동 시인은 오늘도 神松처럼 비바람을 흠씬 맞으면서, 바라밀을 행할 수밖에 없다. 그 운명의 사슬을 끊을 힘이 그자신에게는 없다. 죽으라하고 시를 써야 하는 것이 운명이니 지금부터 제4시집을 준비해야 하는 것이다.

**呂閏東 - 약력**

- 1955. 경남 합천 출생.
- 1995. '自由文學' 民調詩 등림.
- 1996. 육군 소령 예편.
- 2005. 제23대 한국 문협 사무 처장.
- 2015. 제26대 文協 민조시 분과 회장.
- 현재. 한국 民調詩人協會 회장·창작 산맥 문학회 회장.

- 제1民調詩集 '天山의 피붙이'(2005. 月刊文學 출판부)
- 제2民調詩集 '노을의 독백'(2016. '현대문예')
- 제3民調詩集 '神松 바라밀'(2024. 도서출판 天山)

- 제2회 '民調詩學賞'(2014.)
- 제5회 한국 民調詩協賞(2016.)
- 제32회 '예총 예술 문화상' 대상(2019.)
- 제10회 '김우종 문학상' 본상(2019.).

- 주소 · 01669. 서울 노원구 동일로 228길 23. 1404동 1001호(상계 주공 14단지).
- 이메일 · ynd1717@hanmail.net(010-3483-5523).

天山詩選 144

4357('24). 8. 28. 박음
4357('24). 9. 4. 펴냄

여 윤 동 제3민조시집

**神松 바라밀**

| 지은이 | 呂 | 閏 | 東 |
| 펴낸이 | 申 | 世 | 薰 |
| 잡은이 | 신 | 새 | 별 |
| 판본이 | 辛 | 宙 | 源 |
| 판든이 | 신 | 새 | 해 |
| 판든이 | 金 | 勝 | 赫 |
| 펴낸곳 | 도서 출판 | 天 | 山 |

04623. 서울시 중구 서애로 27(필동 3가). 서울 캐피털빌딩 302호 '自由文學' 출판부.
등록 1991.10.31. 제1-1269호
전자 우편 · freelit@hanmail.net
☎02-745-0405 Ⓕ02-764-8905

ISBN 979-11-92198-16-3   03810

*잘못된 책은 바꿔드립니다.

값 15,000원